培优计划

U1002197

元角分与钟表

聪颖图书编写组 / 编

朝華出版社
BLOSSOM PRESS

图书在版编目（CIP）数据

元角分与钟表 / 聪颖图书编写组编 . -- 北京 : 朝华出版社，2024.6

ISBN 978-7-5054-5296-1

Ⅰ . ①元… Ⅱ . ①聪… Ⅲ . ①小学数学课－教学参考资料 Ⅳ . ① G624.503

中国国家版本馆 CIP 数据核字 (2024) 第 102024 号

元角分与钟表

作　　者　聪颖图书编写组

选题策划　聪颖文化
责任编辑　张倜然
责任印制　陆竞赢
装帧设计　宋双成

出版发行　朝华出版社
社　　址　北京市西城区百万庄大街 24 号　　**邮政编码**　100037
订购电话　（010）68996522
传　　真　（010）88415258（发行部）
联系版权　zhbq@cicg.org.cn
网　　址　http://zhcb.cicg.org.cn
印　　刷　天津鑫旭阳印刷有限公司
经　　销　全国新华书店
开　　本　710mm × 1000mm　1/16　　**字　　数**　50 千字
印　　张　6
版　　次　2024 年 6 月第 1 版　2024 年 6 月第 1 次印刷
装　　别　平
书　　号　ISBN 978-7-5054-5296-1
定　　价　35.80 元

目录

人民币

人民币的简单计算

认识钟表

目录

综合训练

参考答案

附录

人民币

一、认识人民币

1. 我们常见的人民币有纸币和硬币两种。

纸币

硬币

2. 我们可以从人民币的质地、文字、数字、图案、颜色、大小等方面来识别每种面值。

3. 人民币的面值：

（1）现行流通人民币面值以元做单位的有六种：1 元、5 元、10 元、20 元、50 元和 100 元。

元

（2）现行流通人民币面值以角做单位的有两种，分别是 1 角、5 角。

角

（3）现行流通人民币面值以分做单位的有三种，分别是 1 分、2 分和 5 分。

分

二、人民币单位之间的进率

1. 人民币的单位是元、角、分。

2. 在人民币的单位中，最大单位是元，最小单位是分。

3. 它们之间的换算关系：

1 元 =10 角，1 角 =10 分，1 元 =100 分。

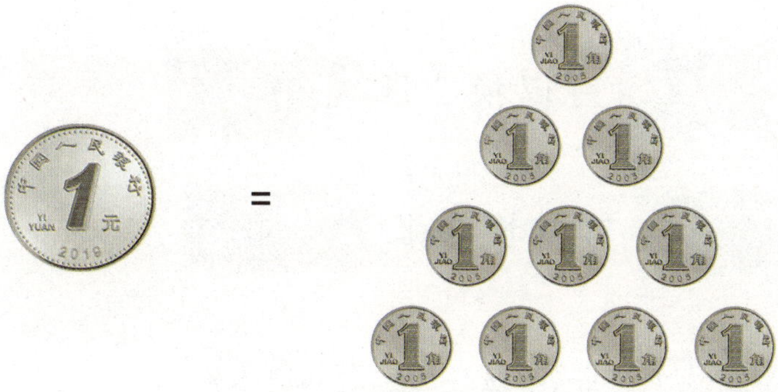

1 元 =10 角

1 角 =10 分

三、人民币之间的兑换

1. 大面值人民币的数额里面含有几个小面值人民币的数额，就说明大面值人民币能兑换几张小面值的人民币。

（1）人民币的换算：

1 张  可以换 10 个 

1 张  可以换 2 张 

1 张  可以换 2 张 

1 张  可以换 5 张 

1 张  可以换 10 张 

1 张  可以换 5 张 

1 张  可以换 5 张 

1 张  可以换 2 张 

（2）换算的基本方法：

1张  可以换5张 

1张  可以换2张 

1张  可以换2张 

2. 以元为单位的人民币之间的兑换：

100元=2个50元=10个10元=20个5元=100个1元。

基础练习（一） 认识人民币

1. 在纸币图样后面填上正确的数。

（　　）角

（　　）元

2. 在硬币图样后面填上正确的数。

（　　）分

（　　）元

3. 填上适当的人民币单位。

1（　　）

1（　　）

4. 连一连。

100 元

5 角

1 元

20 元

10 元

5. 在括号里填写正确的面值。

( )

( )

( )

( )

( )

( )

( )

( )

( )

( )

( )

( )

( )

( )

6. 在括号里填写适当的人民币单位。

100（ ）

50（ ）

20（ ）

10（ ）

7. 把面值相同的纸币和硬币用线连起来。

基础练习（二） 辨认人民币

1. 用“√”标出下面面值为 1 元的人民币。

(　　)　　　　(　　)

2. 用“√”标出下面面值为 10 元的人民币。

(　　)　　　　(　　)

3. 用“√”标出下面面值为 5 角的人民币。

（　　　）

（　　　）

4. 用“√”标出下面面值为 2 角的人民币。

（　　　）

（　　　）

5. 用“√”标出下面面值为 1 角的人民币。

（　　　）

（　　　）

（　　　）

6. 下面的人民币不是 5 角的用“×”标出来。

（　　　）

（　　　）

（　　　）

7. 小明去超市买了一块橡皮，售货员阿姨找给他 1 元钱，下面哪一个不可能是找回的钱，用“×”标出来。

(　　　)　　　(　　　)　　　(　　　)

8. 小明要用 5 元钱买一个文具盒，他应该用哪一张人民币？用“√”标出来。

(　　　)　　　(　　　)　　　(　　　)

基础练习（三） 算一算

1. 在括号里写出下面的钱数。

 ＋  （　　　　　　）元

 ＋  （　　　　　　）元

 ＋  （　　　　　　）元

 ＋  （　　　　　　）元

 ＋  （　　　　　　）元

2. 认真分辨，再算一算，把结果写在下面的括号里。

（　　）元（　　）角

（　　）元（　　）角

（　　）元（　　）角

（　　）元（　　）角

（　　）元

（　　）角（　　）分

（　　）元

（　　）元（　　）角

（　　）元（　　）角

（　　）元（　　）角

基础练习（四） 人民币的兑换

1. 看图填一填。

 → 

1 元 =（　　　）角

 → 

1 角 =（　　　）分

1 张  可以换（　　　　　）张 

1 张  可以换（　　　　　）张 

1 张  可以换（　　　　　）张 

1 张  可以换（　　　　　）张 

1 张  可以换（　　　　　）张 

1 张  可以换（　　　　　）张 

1 张  可以换（　　　　　）张 

1 张  可以换（　　　　　）张 

2. 小明有 100 元钱，他想兑成零钱，你帮他填一填。

 可以换成（　　　）张 

 可以换成（　　　）张 

 可以换成（　　　）张 

 可以换成（　　　）张 

 可以换成（　　　）张 

 可以换成（　　　）张 

提升练习（一） 选一选

1. 下面表示人民币单位的是（　　）。

A. 个、十、百　　B. 时、分、秒　　C. 元、角、分

2. 下面表示 5 元人民币的是（　　）。

A. 　　B. 　　C. 

3. 下面人民币的面值是（　　）。

A. 1 角　　B. 1 元　　C. 10 元

4. 下面哪一组面值加起来是 6 元（　　）。

A. 　　B. 　　C. 

5. 一支钢笔的价钱大约是（　　）。

A. 5 分　　B. 5 角　　C. 5 元

提升练习（二） 换一换

1 元 =（　　）角　1 角 =（　　）分　1 元 =（　　）分

20 分 =（　　）角　8 角 =（　　）分　4 元 =（　　）角

50 角 =（　　）元　2 元 =（　　）分　5 角 =（　　）分

6 角 2 分 =（　　）分　8 元 9 角 =（　　）角

1 元 3 角 =（　　）角　3 元 5 角 =（　　）角

53 分 =（　　）角（　　）分　23 分 =（　　）角（　　）分

86 角 =（　　）元（　　）角　79 角 =（　　）元（　　）角

42 分 =（　　）角（　　）分　88 分 =（　　）角（　　）分

90 分 =（　　）角　10 元 =（　　）角　70 分 =（　　）角

40 角 =（　　）元　20 分 =（　　）角　9 元 =（　　）角

60 分 =（　　）角　50 角 =（　　）元　6 元 =（　　）角

9 角 =（　　）分　3 角 =（　　）分　10 分 =（　　）角

30 分 =（　　）角　21 角 =（　　）分　80 角 =（　　）元

2 元 =（　　）角　8 元 =（　　）角　5 元 =（　　）角

13 分 =（　　）角（　　）分　31 分 =（　　）角（　　）分

68 角 =（　　）元（　　）角　76 角 =（　　）元（　　）角

97 角 =（　　）元（　　）角　52 角 =（　　）元（　　）分

3 张 2 元 =（　　）元　5 张 10 元 =（　　）元

6 张 1 元 =（　　）元　1 张 100 元 =（　　）元

4 张 5 角 =（　　）角　10 张 1 角 =（　　）元

5 张 20 元 =（　　）元　4 张 2 角 =（　　）角

提升练习（三）　可以买什么

1. 连一连。

2 角

5 元

1 角

1 元

2. 给出的钱正好能买什么，在能买的物品下面用“√”标出来。

（1）

2 元 5 角	3 元	4 元 5 角
（　　）	（　　）	（　　）

（2）

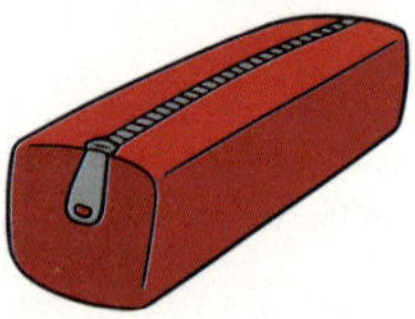

19 元	17 元 2 角	15 元 4 角
（　　）	（　　）	（　　）

提升练习（四） 挑战自己

一、换一换。

1.1 张 100 元可以换（　　）张 10 元或（　　）张 50 元，或换（　　）张 1 元。

2.1 张 10 元可以换（　　）张 5 元或（　　）张 1 元。

3.1 张 1 元可以换（　　）张 5 角，或可以换（　　）张 1 角，或可以换（　　）个 1 分钱硬币。

二、在“元”“角”“分”中选合适的单位填入括号中。

1. 一个文具盒的价钱是 7（　　）。

2. 一本字典的价钱是 15（　　）。

3. 一块橡皮的价钱是 5（　　）。

4. 一盏台灯的价钱是 32（　　）。

三、将正确的选项填在括号里。

1. 小明有 2 元，可以换（　　）张 5 角。

A. 5　　B. 4　　C. 10

2. 小明想买一块 1 元 5 角的橡皮，他应该带（　　）。

A. 2 元

B. 1 元

C. 5 角

3. 小丽有 10 元，要买 2 元一根的冰激凌，可以买（　　）根。

A. 2

B. 5

C. 10

4. 50 元能买哪个玩具？在能买的括号里画“√”。

45 元	59 元	79 元
（　　）	（　　）	（　　）

5. 小明去超市买东西，请你帮他算一算。

7 元	8 角	5 角	12 元	4 元 3 角

买的物品 

应付的钱 (　　　) (　　　) (　　　)

付的钱   

找回的钱 (　　　) (　　　) (　　　)

6. 先填一填下面的钱数，再比较哪边多，用“>”标出来。

(　　　) (　　) (　　　)

7. 做一做。

一个台灯 65 元，可以怎样付钱？

人民币的简单计算

一、人民币的换算

1 角 =10 分　　10 分 =1 角

1 元 =10 角　　10 角 =1 元

二、人民币的计算

1. 单位相同的数额可以直接相加减。

例 1：2 元 +4 元 =6 元　7 角 −3 角 = 4 角

2. 单位不同的数额相加的时候，分别相加（即：元加元，角加角，分加分）。

例 2：3 元 1 角 +1 元 3 角 =（3 元 +1 元）+（1 角 +3 角）

= 4 元 4 角

3. 单位不同的数额相减的时候，分别相减（即：元减元，角减角，分减分）。

例 3：9 元 8 角 −4 元 2 角 =（9 元 −4 元）+（8 角 −2 角）

=5 元 6 角

4. 单位不同，整元加整角，整元加整分，整角加整分，直接相加（即：元加元，角加角，分加分）。

例 4：2 元 +8 角 =2 元 8 角

5. 不同单位的金额相减的时候，要把单位换算成一样的。

例 5：4 元 −3 角 =40 角 −3 角 =37 角 =3 元 7 角

基础练习（一） 人民币的换算

4 元 =（　　）角　40 角 =（　　）元　4 角 =（　　）分

20 分 =（　　）角　7 角 =（　　）分　60 角 =（　　）元

40 角 =（　　）分　70 分 =（　　）角　1 元 =（　　）分

1 元 =（　　）角　9 角 =（　　）分　70 角 =（　　）元

2 角 =（　　）分　10 分 =（　　）角　100 分 =（　　）元

3 元 6 角 =（　　）角　65 角 =（　　）元（　　）分

5 角 4 分 =（　　）分　　23 分 =（　　）角（　　）分

6 角 1 分 =（　　）分　　4 角 2 分 =（　　）分

2 角 6 分 =（　　）分　　5 角 3 分 =（　　）分

6 角 7 分 =（　　）分　　5 元 6 角 =（　　）角

1 元 7 角 =（　　）角　　1 角 7 分 =（　　）分

1 元 8 角 =（　　）角　　56 角 =（　　）元（　　）角

1 角 8 分 =（　　）分　　78 角 =（　　）元（　　）角

1 元 9 角 =（　　）角　　1 角 9 分 =（　　）分

2 元 1 角 =（　　）角　　98 角 =（　　）元（　　）角

2 元 8 角 =（　　）角　　2 角 1 分 =（　　）分

1 角 4 分 =（　　）分　　38 分 =（　　）角（　　）分

4 元 8 角 =（　　）角　　2 角 2 分 =（　　）分

4 元 3 角 =（　　）角　　11 分 =（　　）角（　　）分

2 角 5 分 =（　　）分　　26 分 =（　　）角（　　）分

5 元 4 角 =（　　）角　　2 角 9 分 =（　　）分

6 元 6 角 =（　　）角　　61 分 =（　　）角（　　）分

3 角 9 分 =（　　）分　　56 分 =（　　）角（　　）分

7 元 2 角 =（　　）角　　4 角 8 分 =（　　）分

8 元 1 角 =（　　）角　　78 分 =（　　）角（　　）分

5 角 6 分 =（　　）分　　98 分 =（　　）角（　　）分

9 元 9 角 =（　　）角　　8 角 9 分 =（　　）分

66 分 =（　　）角（　　）分

82 角 =（　　）元（　　）角

基础练习（二） 面值计算

1. 算一算。

2 元 2 角 −5 角 =（　　）元（　　）角

6 元 −1 元 5 角 =（　　）元（　　）角

7 元 5 角 −2 元 8 角 =（　　）元（　　）角

6 元 3 角 −1 元 5 角 =（　　）元（　　）角

4 元 1 角 −1 元 3 角 =（　　）元（　　）角

8 元 2 角 −1 元 4 角 =（　　）元（　　）角

4 元 2 角 −3 元 2 角 =（　　）元（　　）角

9 元 6 角 −7 元 7 角 =（　　）元（　　）角

4 元 3 角 +7 角 =（　　）元

9 角 +9 元 1 角 =（　　）元

7 元 3 角 −5 元 =（　　）元（　　）角

6 元 9 角 −6 角 =（　　）元（　　）角

1 张 10 元 +2 张 5 元 +1 张 2 元 =（　　）元

2 张 2 元 +4 张 1 元 +3 张 2 角 +2 张 1 角 =（　　）元（　　）角

7 张 10 元 +1 张 5 元 +4 张 1 元 =（　　）元

2. 比较大小。

6 角 7 分（　　）56 分　　8 元 4 分（　　）8 元 4 角

39 角（　　）3 元 8 分　　8 元 6 分（　　）8 元 6 角

15 角（　　）1 元 5 分　　4 元 5 分（　　）4 元 5 角

16 角（　　）1 元 8 分　　8 元 2 角（　　）9 元 4 角

74 角（　　）7 元 4 角　　5 元 1 角（　　）4 元 3 角

44 分（　　）4 角 4 分　　8 元 1 分（　　）6 元 3 角

5 元 4 角（　　）4 元 5 角　　7 元 6 分（　　）4 元 5 角

7 元 5 角（　　）8 元 6 角　　6 元 7 分（　　）5 元 9 角

100 元（　　）99 元 1 角　　90 元（　　）98 元 99 角

基础练习（三）　看图计算

1. 看图填空。

3 张 

＋ 2 张 

＝（　　）角

1 张 

＋ 1 张 

＝（　　）角

1 张 

＋ 1 张 

＝（　　）元

1 张  + 1 张  =（　　）元

5 张  − 5 张  =（　　）元

2 张  − 4 张  =（　　）元

1 张  + 5 张  =（　　）元

2 张  + 5 张  =（　　）元

5 张  − 4 张  =（　　）元

4 张  − 4 张  =（　　）元

5 张  − 4 张  =（　　）元

1 张  − 3 张  =（　　）元

5 张  − 4 张  =（　　）元

3 张  — 5 张  = (　　　) 元

1 张  — 4 张  = (　　　) 元

4 张  — 2 张  = (　　　) 元

2 张  — 3 张  = (　　　) 元

基础练习（四） 解决问题

1. 小明当家。

23 元

24 元

14 元

27 元

45 元

18 元

（1）一袋大米和一桶食用油共多少元？

（2）叔叔带 50 元买一箱矿泉水，还剩多少元？

（3）小芳买一盒巧克力和一袋饼干需要多少元？

（4）乐乐有 73 元，买最贵的商品，还剩多少元？

（5）妈妈有 98 元，买一桶油和一袋米后，还剩多少元？

（6）买一箱矿泉水、一袋米和一桶油，一共要用多少元？

2. 小明买了两个下面价格的练习本，一共要用多少钱？

6 角

提升自己

1. 选一选。

（1）买一个练习本需要 1 元，买一个文具盒需要 3 元，买一个练习本和一个文具盒需要（　　）元。

A. 3 元

B. 5 元

C. 4 元

（2）小明用 15 元买了一只小白兔，他用（　　）付钱最合适。

A. 

B. 

C. 

（3）买一袋方便面需要 2 元 5 角，5 元钱能买（　　）袋。

A. 2

B. 3

C. 1

（4）买五包饼干需要4元8角，给售货员10元，要找回（　　）。

A. 4元2角

B. 5元4角

C. 5元2角

（5）买一个西瓜需要9元9角，一个菠萝需要7元8角，妈妈买了一个西瓜、两个菠萝，共花了（　　）元钱。

A. 25元5角

B. 26元6角

C. 25元6角

2. 看图列式计算。

18.00元

15.00元

1.00元

2.00元

（1）两种玩具汽车各买一个共需要多少钱？

（2）买一架玩具飞机和一个玩具狗共需要多少钱？

（3）20 元钱可以买什么？

3. 解决问题。

（1）买一桶方便面需要 5 元 5 角，买一个面包需要 3 元 5 角，买一桶方便面和两个面包，一共需要多少钱？

（2）买一斤蒜薹需要 2 元 7 角，买一棵白菜需要 3 元 5 角，买两斤蒜薹和一棵白菜一共需要多少钱？

（3）买一束花需要 7 元 5 角，买两束花和一枝玫瑰一共需要 20 元，买一枝玫瑰需要多少钱？

4. 应找回多少钱？

买的物品	 2元3角	 3元2角	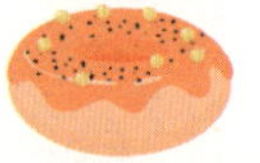 2元8角
付的钱			
找回的钱			

综合练习（一）

一、填空。

1. 我国使用的法定钱币叫（　　）。

2. 人民币的单位有（　　）、（　　）、（　　）。

3. 人民币最大的单位是（　　），最小的单位是（　　），比角小的单位是（　　）。

4. 人民币按质地分为纸币和（　　）。

5. 现行流通人民币按面额大小可以分为：1分、2分、（　　）；1角、（　　）；1元、（　　）、（　　）、（　　）、（　　）、（　　）。其中面额最大的是（　　），面额最小的是（　　）。

二、在括号里填上合适的单位。

1. 一个书包的价格是 27（　　）。

2. 一支铅笔的价格是 5（　　）。

3. 一根针的价格是 5（　　）。

4. 一张桌子的价格是 79（　　）。

三、换算。

7 张 5 元 =（　　）元　　1 张 2 元 =（　　）元

10 张 10 元 =（　　）元　　2 张 50 元 =（　　）元

四、小明拿着 1 元钱，他可以买下面哪些学习用品？

①

6 角

②

2 角

③

1 元

④

8 角

⑤

1 角

综合练习（二）

一、数人民币。

1. 1 分 1 分地数，（　　）枚 1 分硬币等于 1 张 1 角。

2. 1 角 1 角地数，（　　）张 1 角等于 1 张 1 元。

3. 1 元 1 元地数，（　　）张 1 元等于 1 张 10 元。

4. 10 元 10 元地数，（　　）张 10 元等于 1 张 100 元。

二、换一换。

1 张 1 元可以换（　　）张 2 角或（　　）张 1 角。

1 张 1 元可以换（　　）张 5 角或（　　）张 1 角。

1 张 10 元可以换（　　）张 5 元或（　　）张 1 元。

三、在括号里填上“>”或“<”或“=”。

13 角（　　）1 元　　18 角（　　）3 元

54 角（　　）3 元　　35 角（　　）46 角

66 角（　　）72 分　　24 角（　　）30 角

87 角（　　）78 角　　2 角（　　）20 分

25 角（　　）15 角　　21 角（　　）3 元

16 角（ ）2 元	24 角（ ）12 元
19 角（ ）10 元 8 分	20 角（ ）2 元 1 分
36 元（ ）30 元 6 角	22 元（ ）2 元 2 角
87 元（ ）9 元 5 角	32 角（ ）3 元 3 分
50 元（ ）5 元 4 角	80 元（ ）8 元 5 角
32 角（ ）3 元 5 分	4 元（ ）4 元 2 角
58 角（ ）5 元 4 分	28 角（ ）3 元 2 分
36 元（ ）8 元 6 角	52 角（ ）4 元 3 分
31 角（ ）3 元 4 分	23 角（ ）18 元 3 分
81 角（ ）8 元 2 分	60 角（ ）6 元 1 分

四、按钱数从多到少的顺序排列。

2 角、5 元、9 角、1 分、50 元、20 元、100 元

（ ）

五、计算。

1 元 +6 元 =（ ）元

5 角 +6 角 =（ ）元（ ）角

5 元 +3 元 =（ ）元

2分 +6分 =（　　）分

2元 +5角 =（　　）元（　　）角

1元2角 +8角 =（　　）角 =（　　）元（　　）角

2元5角 +3角 =（　　）角 =（　　）元（　　）角

2角4分 +5分 =（　　）分 =（　　）角（　　）分

六、看图回答问题，并列式解答。

8元

6元

4元

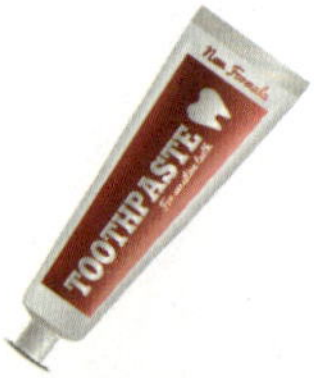

3元

1. 每样物品各买一个，最少要带多少钱？

2. 用10元钱买了两样物品，可能买的是什么？

3. 用20元钱买哪三样物品剩钱最少？剩多少钱？

认识钟表

一、基本知识

时针
最短最粗

分针
较短较粗

秒针
最长最细

1. 钟面上有 60 个小格、12 个大格，一大格里有 5 小格。

2. 钟面上有 3 根指针，分别是时针、分针、秒针。时针最短，秒针最长。

3. 指针的旋转方向。

时针走一大格，分针走一圈，是 60 分钟

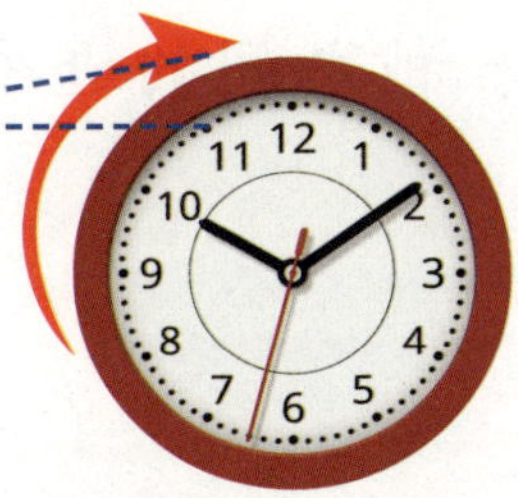

顺时针方向旋转

4. 秒针走一小格是1秒，走一大格是5秒，走一圈是60秒。

5. 分针走一小格是1分钟，走一大格是5分钟，走一圈是60分钟。

6. 时针走一大格是1小时。

7. 秒针走得最快，时针走得最慢。

8. 时、分、秒的关系：

1小时=60分钟　　1分钟=60秒

9. 时间单位时、分、秒之间的进率是60。

二、认识钟面

指针钟面

数字钟面

三、认识时间

时间单位：时、分、秒。

1. 当分针指着数字 12 时，时针指着几就是几时。

1 时或 1：00

4 时或 4：00

8 时或 8：00

2. 当分针指着数字 6，时针指在两个数字中间时，过几就是几时半。

7 时 30 分或 7 时半或 7：30

3. 当分针在数字 12 的左边时，时针离数字几近就是快几时了。

7 时 58 分或 7：58

4. 当分针在数字 12 的右边时，时针离数字几近就是刚过几时。

10 时 1 分或 10：01

基础练习（一） 认识钟面

1. 画表针。

4 时　　　　7 时　　　　10 时

6 时半　　　　9 时半　　　　12 时半

2. 写出下面钟面上的时间。

① ________　　② ________

3. 你知道如何认识电子表吗？

20 代表的是（　　），45 代表的是（　　）

A. 时　　　　B. 分

基础练习（二） 认识整时

1. 写出下面钟面上的时间。

①______ ②______ ③______ ④______

⑤______ ⑥______ ⑦______ ⑧______

2. 写出再过 1 小时后的时间。

①______ ②______ ③______ ④______

3. 连一连。

7：00　　3：00　　9：00　　1：00

基础练习（三） 认识半点

1. 在钟面上画出时针和分针。

2：30　　3：30　　4：30　　5:30

2. 把下面的时间与相应的钟面用线连一连。

5：30　　7：30　　10：30　　11：30

3. 在横线上填上正确的时间。

（1）半小时后是 ________
1 小时后是 ________

（2）半小时后是 ________
1 小时后是 ________

（3）半小时后是 ________

1 小时后是 ________

（4）半小时后是 ________

1 小时后是 ________

基础练习（四） 认识分

1. 根据钟面写时间（用两种方式表示）。

________ ________ ________ ________ ________ ________

________ ________ ________ ________ ________ ________

________ ________ ________ ________ ________ ________

________ ________ ________ ________ ________ ________

2. 连一连。

7：00　　7：50　　4：55　　6：10

3. 填一填。

过 10 分钟是 ________　　过 10 分钟是 ________　　过 10 分钟是 ________　　过 10 分钟是 ________

基础练习（五） 判断对错

1. 下面钟面上的时间，正确的画“√”，错误的画“×”。

7：30	1：30	6：00	14：00
（　　）	（　　）	（　　）	（　　）

11：30　　1：00　　2：00　　2：30

(　　)　　(　　)　　(　　)　　(　　)

2. 哪个钟面上的时间是 11：30？正确的画“√”。

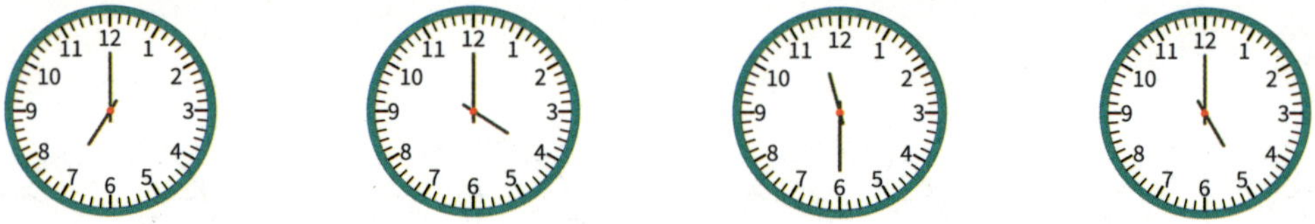

□　　□　　□　　□

3. 小动物读的时间对吗？正确的画“√”。

5：00　　5：00　　7：00　　10：00

(　　)　　(　　)　　(　　)　　(　　)

基础练习（六） 经过了多长时间

一、回答问题。

电影放映　　放映结束　　回到家中

1. 电影放映了多长时间？

2. 小明看完电影回到家用了多长时间？

二、回答问题。

1. 我们早上 8：05 开始上第一节课，8：45 下课，这节课上了多长时间？

2. 叔叔早上 8 时上班，中午 11 时 30 分下班午休，下午 1 时上班，4 时下班回家，他一天工作多长时间？

3. 吴老师加班改作业，预计晚上7：00能完成。结果提前了25分钟，你知道老师是几点完成工作的吗？

4. 妈妈早上8：20出发去外婆家，中午12：40到达。中途经过了多长时间？

基础练习（七） 解决问题

1.

找出欢欢和小美可能在超市的时间，圈出来。

A.8：30　　B.10：30　　C.11：20

2.

圈出去看电影的时间。

3. 芳芳乘车去看望奶奶，她上午 8：15 出发，路上用了 2 小时，她到奶奶家的时间是（　　）。

4. 课间操从 9：40 开始，10：00 结束，课间操的时间是（　　）分钟。

5. 张老师每天早晨 7：30 到校，中午 12：30 离校，上午在学校工作（　　）小时。

基础练习（八） 小明的一天

1. 小明的第一节课是什么时候开始的？在下面的括号里用“√”标出来。

(　　)　(　　)　(　　)　(　　)

2. 小明什么时候开始运动？在下面的括号里用“√”标出来。

(　　)　(　　)　(　　)　(　　)

3. 写出钟表显示的时间。

(　　)　(　　)　(　　)　(　　)

基础练习（九） 填一填

一、填空。

1. 3 小时 20 分钟 =（　　）分钟，210 分钟 =（　　）小时（　　）分钟。

2. 3：20 再过 50 分钟是（　　），4：20 的前半小时是（　　）。

3. 分针从 12 走到 6 是（　　）分钟，一大格和两小格是（　　）分钟。

4. 一天是（　　）小时，标准工作时间是（　　）小时。

5.13：00 是（　　）的 1：00，24：00 是（　　）的 12：00。

二、在括号里填上合适的时间单位。

1. 小明跑 50 米用了 9（　　）。

2. 上午在学校里的时间大约是 3（　　）。

3. 看一场电影大约 1（　　）30（　　）。

4. 眨一下眼睛需要 1（　　）。

5. 小华吃饭大约需要 25（　　）。

6. 小红每天的睡眠时间大约是 10（　　）。

7. 小刚每次洗手的时间大约是 30（　　）。

8. 学校里课间休息 10（　　）。

9. 做 20 道口算题大约需要 45（　　）。

三、判断。

1. 从家到学校小红用 1 小时，小明用 100 分钟，他们两个用的时间一样多。（　　）

2. 小红说半个小时就是 30 分钟。（　　）

3. 时针从 3 走到 6，分针就要从 3 开始走 3 圈。（　　）

4. 分针从 12 走到过 9 后的第三个小格，时针就要走 4 小格。（　　）

四、选一选。

1. 现在是上午 7 时 20 分，再过 3 小时是（　　）。

A.11：00　　B.12：00　　C.10：20　　D.9：20

2. 时针指在 8 和 9 之间，分针指着 6，这个时间是（　　）。

A.8：00　　B.9：00　　C.10：10　　D.8：30

3. 乐乐上午 8:00 去图书馆看书，他在图书馆待了 3 小时，那么他是（　　）时离开图书馆的。

A.11：00　　B.10：00　　C.8：30　　D.7：25

4. 现在是 6：00，再过 30 分钟是（　　）。

A.6：30　　B.7：00　　C.7：30　　D.8：00

五、看钟表写时间。（精确到分）

____：____

____：____

____：____

____：____

____：____

____：____

六、回答问题。

1. 上午上四节课，每节课 40 分钟，两节课之间休息 10 分钟，上四节课要多长时间？

2. 晚上电视播放 2 集电视剧，每集 45 分钟，两集之间播广告 5 分钟，播放 2 集电视剧用多长时间？

提升练习（一） 连一连

1. 连一连。

10：30　　11：10　　6：30　　7：30

12：30　　2：30　　3：30　　1：30

10：00　　9：00　　1：00　　4：00

12：00　　7：00　　5：00　　3：00

6：42　　10：55　　7：30　　4：35

2. 根据给出的时间与下面日常生活中的活动连线。

7：30　9：20　6：30　11：30　13：00　12：00

午睡　放学　吃饭　起床　上课　上学

3. 根据长短将给出的时间与下面的具体活动内容连线。

8 分钟　30 分钟　90 分钟　40 分钟　2 小时　10 分钟

课间休息　吃饭　考试　一节课　起床　做作业

4. 我会填数。

5. 连一连。

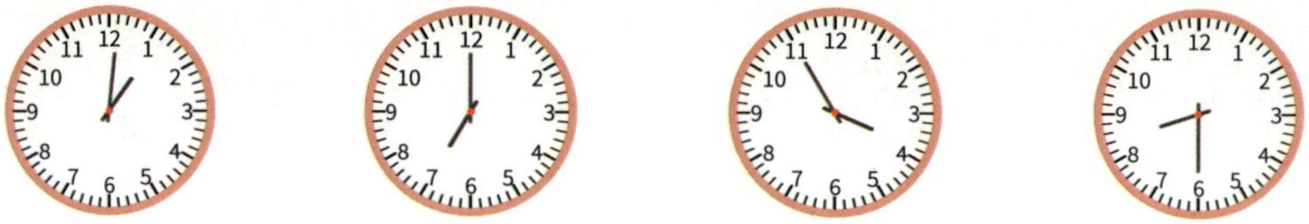

快 4 时了　　8 时半　　1 时刚过　　7 时

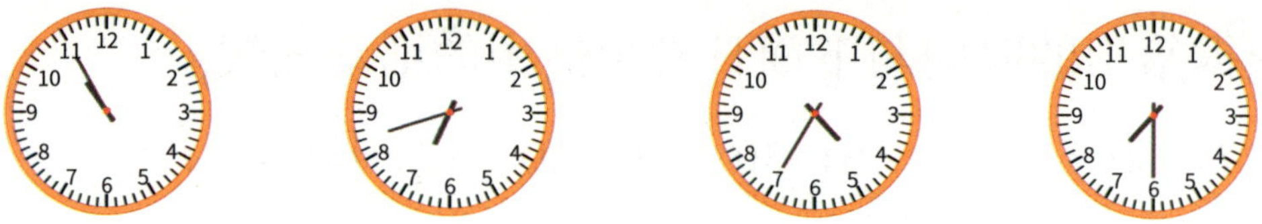

6：42　　10：55　　4：35　　7：30

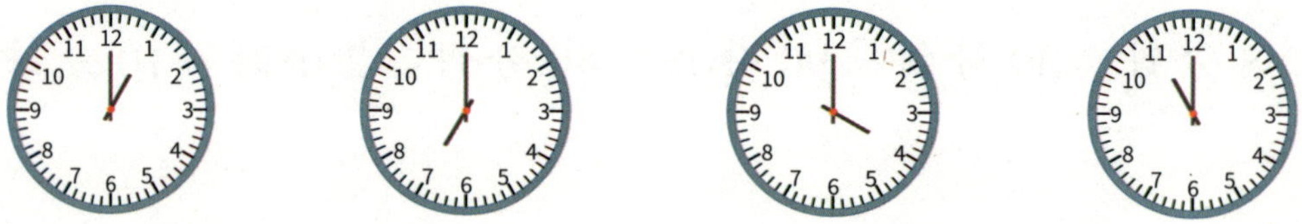

4：00　　11：00　　7：00　　1：00

4：00　　　　11：00　　　　7：00　　　　3：00

提升练习（二） 判断

一、判断。

1. 分针走一圈是 1 分钟。（　　）

2. 钟面上最短的针是分针。（　　）

3. 电子表上显示 6：45 就是 6 时 45 分。（　　）

4. 分针从一个数字走到下一个数字是 5 分钟。（　　）

5. 妈妈每天工作 8 小时。（　　）

二、在正确的旁边画"√"。

1.  6：00（　　）

2.  8：00（　　）

3.  11：00（　　）

4.  5：00（　　）

5.  7：30（　　）

6.  12：00（　　）

三、在睡觉早的下面画“√”。

（　　）

（　　）

四、找出表示 8 点的钟表，并用“√”标出来。

（　　）　（　　）　（　　）　（　　）

五、对的画“√”，不对的改正过来。

1. 
10：00
（　　）

2. 
3：30
（　　）

3. 
12：00
（　　）

4. 
1：30
（　　）

六、下面哪个钟表是正确的，用“√”标出来。

(　　)　(　　)　(　　)　(　　)

七、在正确的下面打“√”，在错误的下面写上正确的时间。

(　　)______

(　　)______

(　　)______

(　　)______

(　　)______

(　　)______

(　　)______

(　　)______

(　　)______

(　　)______

(　　)______

(　　)______

提升练习（三） 画一画

1. 根据时间画指针。

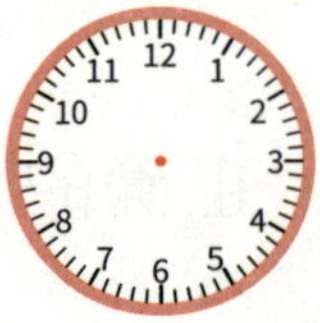
12：00

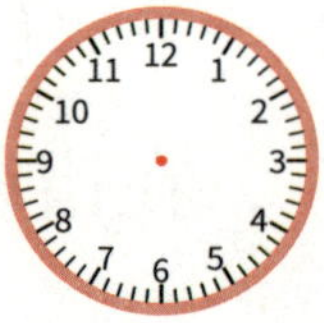
1：30

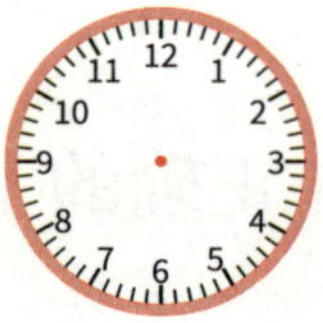
11：00

2. 根据时间画指针。

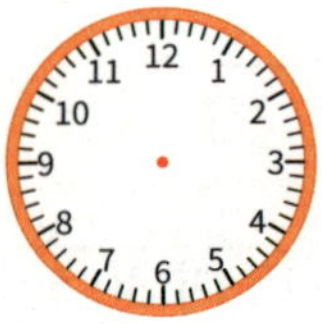
4：05

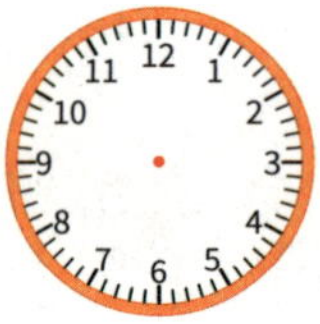
8：20

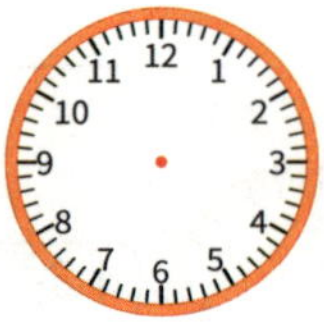
12：30

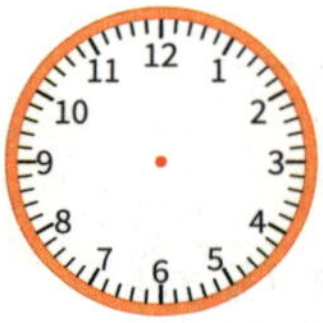
6：00

11：56

3. 根据时间画指针。

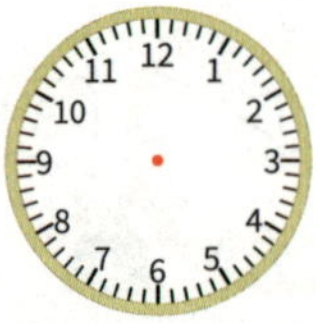
3：13

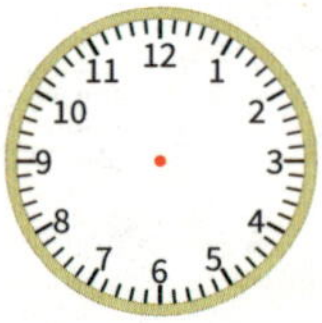
8：21

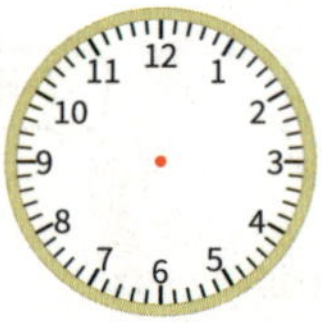
4：29

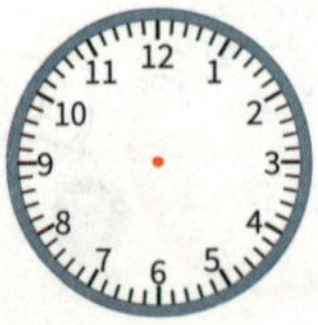
9：15

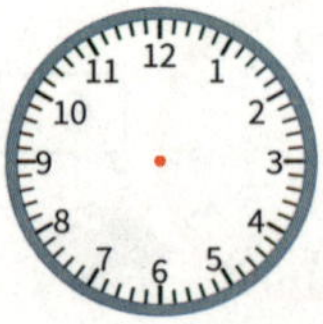
18：36

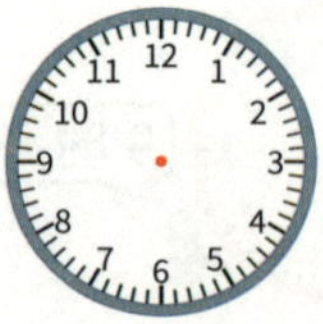
12：25

提升练习（四） 写一写

一、在钟表的下面写上时间。

(　　　　)　　　(　　　　)　　　(　　　　)

二、用两种表示方法写出钟表上的时间。

______　______　______　______　______

______　______　______　______　______

三、想一想，写一写。

再过 8 分钟是　再过 10 分钟是　再过 1 小时是　再过 40 分钟是　再过半小时是

______　______　______　______　______

四、照样子，写一写。

（7：51）　（　　）　（　　）　（　　）

（7 时 51 分）　（　　）　（　　）　（　　）

（　　）　（　　）　（　　）　（　　）

（　　）　（　　）　（　　）　（　　）

五、估一估，写一写。

大约是（　）时　大约是（　）时　大约是（　）时　大约是（　）时

六、写一写。

___时___分　___时___分　___时___分　___时___分

___：___　___：___　___：___　___：___

七、小明的一天，写一写。

7：00
（7 时）

9：00
（　　）

19：00
下午
（　　）

20：00
晚上
（　　）

挑战自我

1. 小梅和妈妈大约是什么时候去公园的，用“√”标出来。

2. 小梅荡秋千用了多长时间，用“√”标出来。

10 分钟（　　）

8 分钟（　　）

5 分钟（　　）

3. 小梅和妈妈打羽毛球是上午哪个时间，用“√”标出来。

8：30（　　）

9：30（　　）

10：20（　　）

4. 小梅和妈妈打羽毛球用了多长时间，用“√”标出来。

15 分钟（　　）

8 分钟（　　）

10 分钟（　　）

5. 小梅和妈妈在公园玩了多长时间，用“√”标出来。

1 小时 20 分钟（　　）

2 小时（　　）

3 小时（　　）

6. 连一连。

9：10	来到公园
9：20	荡秋千
9：25	离开公园
9：30	打羽毛球
9：45	离开羽毛球场
10：30	离开秋千

综合训练

综合训练（一）

一、在括号里填上恰当的数。

60 秒 =（　　）分钟　　60 分钟 =（　　）小时

24 小时 =（　　）天　　半小时 =（　　）分钟

半分钟 =（　　）秒　　1 小时 =（　　）秒

4 小时 =（　　）分钟　　1 小时 =（　　）分钟

3 分 56 秒 =（　　）秒　　120 分钟 =（　　）小时

90 秒 =（　　）分（　　）秒

2 小时 45 分钟 =（　　）分钟

135 分钟 =（　　）小时（　　）分钟

215 分钟 =（　　）小时（　　）分钟

二、选择题。

1. 分针从一个数字走到下一个数字是（　　）。

A. 1 小时　　B. 1 分钟　　C. 5 分钟　　D. 5 秒

2. 上一节课的时间是（　　）。

A. 3 小时　　B. 10 分钟　　C. 35 分钟　　D. 35 秒

3. 时针在 7 和 8 之间，分针在 4 上面，表示（　　）。

A. 8 时 20 分　　B. 4 时 35 分

C. 7 时 20 分　　D. 7 时 40 分

4. 小胖 13：00 去小巧家做作业，15：30 去文具店买学习用品，16：45 到家，小胖一共用去（　　）到家。

A. 3 小时　　B. 10 分钟

C. 3 小时 45 分钟　　D. 35 秒

三、想一想，填空。

1. 早上 6 时 55 分小巧从家中出发，7 时 20 分到达学校，小巧在路上用去（　　）分钟。

2. 火车从上海到南京需要 3 小时，一列火车 17：54 从上海出发，到达南京的时间是（　　）。

3. 现在是 20 时，《喜羊羊与灰太狼》15 分钟前刚刚结束，《喜羊羊与灰太狼》结束的时间是（　　）时（　　）分。

四、回答问题。

图①是奶奶上午从家里出去散步的时间，图②是奶奶散步回到家的时间，奶奶散步一共用了（　　）。

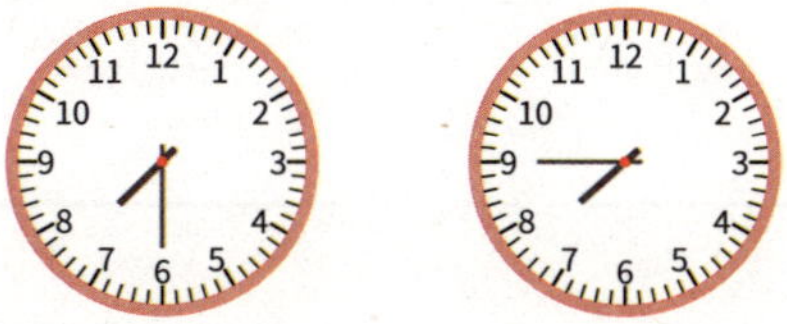

①　　②

A. 15 分钟　　B. 30 分钟　　C. 1 小时

综合训练（二）

一、根据时间画出时针和分针。

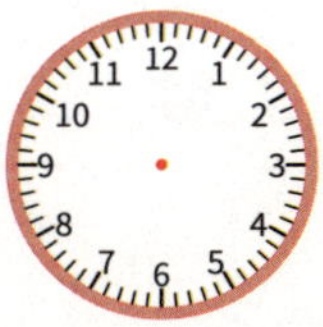
5 时 30 分

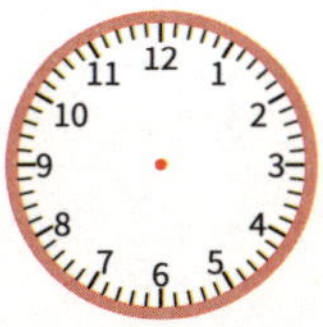
7 时 0 分

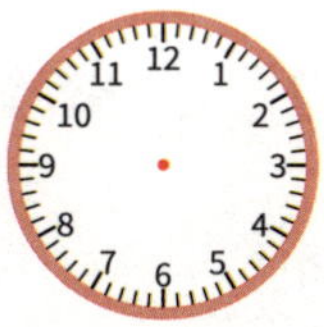
6 时 30 分

8 时 30 分

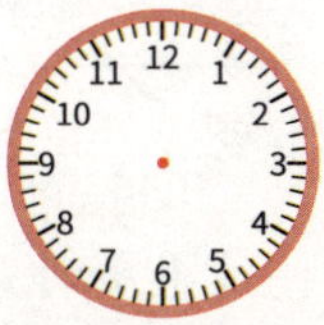
10 时 25 分

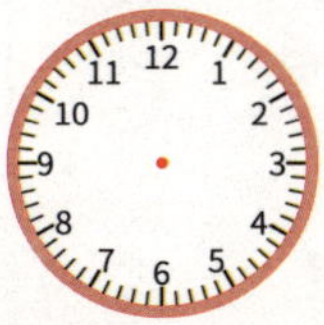
21 时 05 分

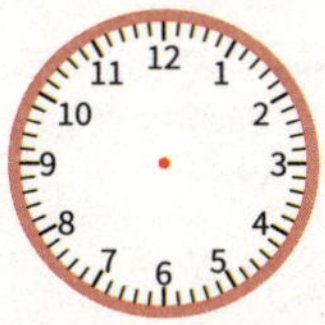
8 时 15 分

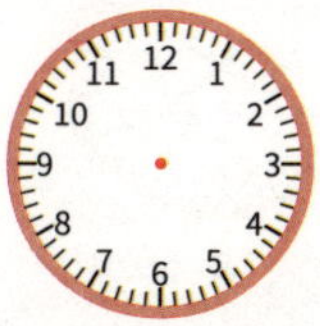
6 时 0 分

二、过 1 小时是几时?

__________ __________ __________ __________

__________ __________ __________ __________

三、填空。

1. 时针从一个数走到下一个数的时间是（　　）分钟，分针走一小格的时间是（　　）分钟，分针走一大格的时间是（　　）分钟。

2. 时针从“2”走到“5”走了（　　）小时。

3. 分针从“3”走到“6”走了（　　）分钟。

4. 时针指向“2”，分针指向“12”是（　　）时。

四、想一想，写一写。

过 8 分钟是 __________

过 10 分钟是 __________

过 1 小时是 __________

过 40 分钟是 __________

过半小时是 __________

五、在括号里填上“>”“<”或“=”。

3 元（　　）2 元 5 角　　9 角（　　）1 元

5 元（　　）60 角　　5 元 5 角（　　）55 角

7 元 1 角（　　）65 角　　60 角（　　）6 元

6 元 5 角（　　）7 元　　5 元 4 角（　　）55 角

六、看图填空。

1. 2 张 

+ 3 张 

=（　　）元

2. 1 张 

− 1 张 

=（　　）元

3. 2 张 

− 2 张 

=（　　）元

4. 1 张 

− 5 张 

=（　　）元（　　）角

参考答案

基础练习（一）认识人民币

1. 1　1

2. 5　1

3. 1　1

4.

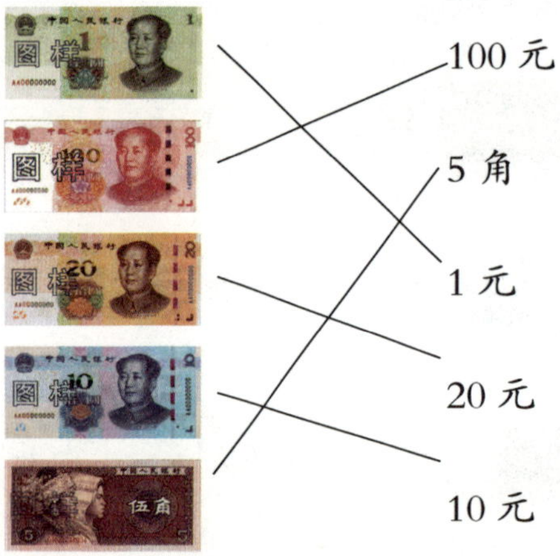

5. 1 元　　100 元　5 元

10 元　　2 角　　50 元

20 元　　5 角　　1 角

1 元　　1 角　　5 角

5 分　　1 分

6\. 元　　元

　元　　元

7\. 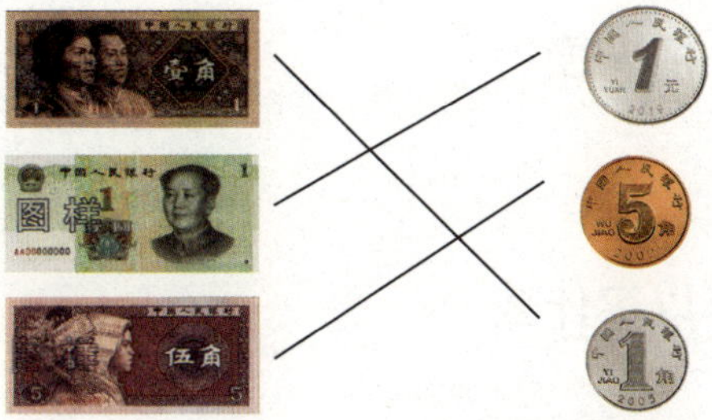

基础练习（二）辨认人民币

1\. 第二张（√）　　2. 第一张（√）　　3. 第二张（√）　　4. 第一张（√）

5\. 第二张（√）　　6. 第二张（×）　　7. 第二张（×）　　8. 第三张（√）

基础练习（三）算一算

1\. 2　1　6　30　55

2\. 2　5　25　1

　10　6　11　5

　2　5　5

　76　12　1

　51　6　21　6

基础练习（四）人民币的兑换

1\. 10　10

　10　5　50　10

　2　10　2　4

2\. 2　5　10　100

　200　20

提升练习（一）选一选

1.C　2.B　3.B　4.B　5.C

提升练习（二）换一换

略

提升练习（三）可以买什么

1.

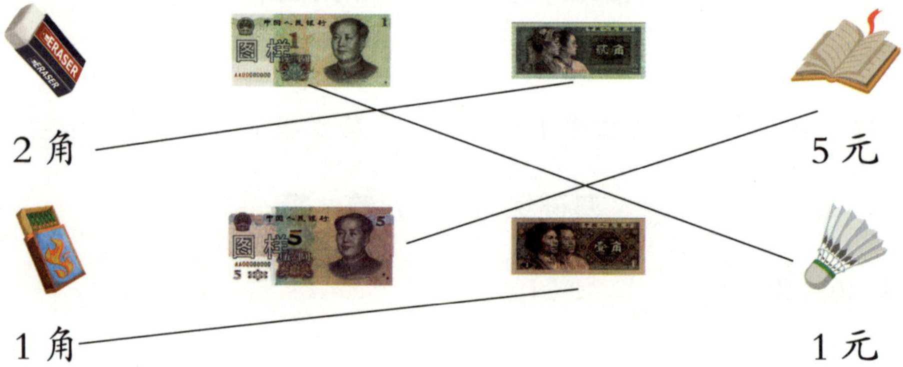

2.（1）2 元 5 角（√）

（2）19 元（√）

提升练习（四）挑战自己

一、1. 10　2　100

2. 2　10

3. 2　10　100

二、1. 元

2. 元

3. 角

4. 元

三、1. B　2. A　3. B

4. 45 元（√）

5.（1）应付的钱：8 角 +5 角 =1 元 3 角

找回的钱：1 元 5 角 −1 元 3 角 =2 角

（2）应付的钱：7 元 +12 元 =19 元

找回的钱：20 元 −19 元 =1 元

（3）应付的钱：12 元 +4 元 3 角 =16 元 3 角

找回的钱：17 元 −16 元 3 角 =7 角

6. 75 元 5 角 >70 元 5 角

7. 一张 50 元，一张 10 元，一张 5 元

基础练习（一）人民币的换算

略

基础练习（二）面值计算

略

基础练习（三）看图计算

略

基础练习（四）解决问题

一、1.（1）27+45=72（元）

（2）50−24=26（元）

（3）18+14=32（元）

（4）73−45=28（元）

（5）98−45−27=26（元）

（6）24+27+45=96（元）

2. 6 角 +6 角 =12 角 =1 元 2 角

提升自己

1.（1）C （2）B （3）A （4）C （5）A

2.（1）18+2=20（元）

（2）15+1=16（元）

（3）20 元可以买一架玩具飞机、一个玩具狗和一辆 2 元的玩具小汽车。

20 元可以买一辆 18 元的玩具小汽车。（答案不唯一）

3.（1）5 元 5 角 +3 元 5 角 +3 元 5 角 =12 元 5 角

（2）2 元 7 角 +2 元 7 角 +3 元 5 角 =8 元 9 角

（3）7 元 5 角 +7 元 5 角 =15 元 20 元 −15 元 =5 元

4. 5 元 −2 元 3 角 =2 元 7 角

10 元 −3 元 2 角 =6 元 8 角

10 元 −2 元 8 角 =7 元 2 角

综合练习（一）

一、1. 人民币

2. 元 角 分

3. 元 分 分

4. 硬币

5. 5 分 5 角 5 元 10 元 20 元 50 元 100 元

100 元 1 分

二、1. 元

2. 角

3. 分

4. 元

三、35　2

100　100

四、①　①②　①⑤　②　②④（答案不唯一）

综合练习（二）

一、10　10　10　10

二、5　10

2　10

2　10

三、略

四、100 元 >50 元 >20 元 >5 元 >9 角 >2 角 >1 分

五、略

六、1. 8+6+4+3=21（元）

2. ①杯子、牙刷，6 +4=10（元）

②牙刷、牙膏，4+3=7（元）（答案不唯一）

3. 毛巾、杯子、牙刷。20−8−6−4=2（元）

基础练习（一）认识钟面

1. 略

2. ① 5：00

②4：45

3. A　B

基础练习（二）认识整时

1. ①5：00　②10：00　③1：00　④8：00
⑤7：00　⑥12：00　⑦9：00　⑧6：00

2. ①1：00　②7：00　③5：00　④8：00

3. 略

基础练习（三）认识半点

1. 略

2. 略

3. （1）12：30　1：00
（2）4：00　4：30
（3）5：00　5：30
（4）11：30　12：00

基础练习（四）认识分

1. 3：45　3时45分　6：55　6时55分　10：20　10时20分
9：55　9时55分　11：20　11时20分　12：15　12时15分
1：45　1时45分　2：35　2时35分　6：55　6时55分
4：05　4时5分　7：00　7时　7：25　7时25分

2. 略

3. 7：10　5：15　8：10　9：00

基础练习（五）判断对错

1. ×　×　√　×

　×　√　√　×

2. 第三个（√）

3.（1）小恐龙（√）　（2）小鹦鹉（√）

基础练习（六）经过了多长时间

一、1. 10 时 5 分 −8 时 =2 时 5 分

　答：电影放映了 2 小时 5 分钟。

　2. 10 时 30 分 −10 时 5 分 =25（分）

　答：小明看完电影回到家用了 25 分钟。

二、1. 8 时 45 分 −8 时 5 分 =40（分）

　答：这节课上了 40 分钟。

　2. 11 时 30 分 −8 时 = 3 时 30 分

　4 时 −1 时 =3（时）

　3 时 +3 时 30 分 = 6 时 30 分

　答：他一天工作 6 小时 30 分钟。

　3. 7 时 −25 分 =6 时 35 分

　答：老师是 6：35 完成工作的。

　4. 12 时 40 分 −8 时 20 分 = 4 时 20 分

　答：中途经过了 4 小时 20 分钟。

基础练习（七）解决问题

1. B

2. 第二张图

3. 10：15

4. 20

5. 5

基础练习（八）小明的一天

1. 第三个（√）

2. 第二个（√）

3. 8：30　　10：30　　11：30　　9：00

基础练习（九）填一填

一、1. 200　3　30

　　2. 4：10　3：50

　　3. 30　7

　　4. 24　8

　　5. 下午　晚上

二、1. 秒　2. 小时　3. 小时　分钟

　　4. 秒　5. 分钟　6. 小时

　　7. 秒　8. 分钟　9. 秒

三、1. ×　2. √　3. ×　4. √

四、1. C　2. D　3. A　4. A

五、6：56　3：45　1：06

　　8：44　2：58　6：01

六、1. 40×4=160 分钟 =2 小时 40 分钟　10×3=30 分钟

2 小时 40 分钟 +30 分钟 =3 小时 10 分钟

答：上四节课要 3 小时 10 分钟。

2. 45×2=90 分钟 =1 小时 30 分钟

1 小时 30 分钟 +5 分钟 =1 小时 35 分钟

答：播放 2 集电视剧用 1 小时 35 分钟。

提升练习（一）连一连

1. 略

2. 略

3. 略

4.（20）分　（30）分

5. 略

提升练习（二）判断

一、1. ×　2. ×　3. √　4. √　5. √

二、1. √　4. √　5. √

三、第二张图（√）

四、第一张图（√）

五、1. √　2. √　3. ×（6：00）　4. √

六、第四张图（√）

七、鳄鱼（√）　乌龟（√）　松鼠（√）　独角兽（√）

长颈鹿（√）　章鱼（√）　恐龙（√）　牦牛（√）

错误的：小熊猫（×）（10：00）　袋鼠（×）（3：00）

熊猫（×）（2：00）　狮子（×）（12：55）

提升练习（三）画一画

1. 略

2. 略

3. 略

提升练习（四）写一写

一、8：00　　5：00　　2：00

二、7：53 7时53分　　9：32 9时32分　　9：05 9时5分

12：45 12时45分　　12：52 12时52分

三、7：13　　2：39　　10：51　　2：00　　10：30

四、6：53 6时53分　　1：59 1时59分　　9：30 9时30分

1：13 1时13分　　5：35 5时35分　　12：00 12时

4：51 4时51分

五、8　9　5　1

六、10时30分 10：30　　6时 6：00　　5时 5：00

3时30分 3：30

七、略

挑战自我

1. 第二张图（√）

2. 5分钟（√）

3. 9：30（√）

4. 15分钟（√）

5. 1小时20分钟（√）

6. 9：10 来到公园
9：20 荡秋千
9：25 离开公园
9：30 打羽毛球
9：45 离开羽毛球场
10：30 离开秋千

综合训练（一）

一、略

二、1. C　2. C　3. C　4. C

三、1. 25

2. 20：54

3. 19　45

四、A

综合训练（二）

一、略

二、1 时 59 分　12 时 59 分　9 时　11 时

4 时　6 时　7 时　3 时

三、1. 60　1　5

2. 3

3. 3

4. 2

四、4 时 18 分　3 时 25 分　6 时 10 分　6 时 40 分　8 时 15 分

五、＞　＜

＜　＝

＞　＝

＜　＜

六、230　45　38　7　5

附录

货币与钟表

货币与钟表，一个关乎经济，一个关乎时间，二者都在某种程度上见证了中国历史的演变。从货币的演变可以看出我国经济体制的改革与进步，而钟表的发展则展现了我国在科技领域的不断创新。接下来让我们一起深入探讨中国货币与钟表的历史发展，了解它们在我国历史长河中的地位与价值，感受其中蕴含的智慧与成果。

01 实体货币时代

以物换物是货币发展的第一阶段。人类在原始社会中没有货币，没有统一的文字，也没有明确的度量衡。人们通过交换物品来满足基本的生活需求。

02 自然货币时代

最早使用的货币是贝币，用于公元前 2070 年至公元前 1600 年之间。

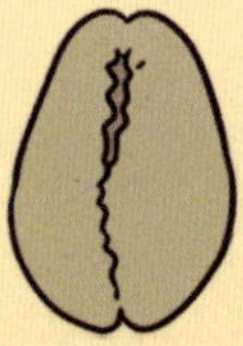

贝币

铜贝

03 统一形状的货币

公元前 1600 年至公元前 1046 年，商朝开始使用龟甲作为货币，这是中国货币发展史上的重大转折。

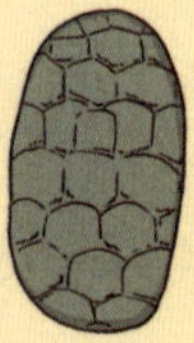

04 地方铸币向中央铸币的演变

公元前 221 年，秦始皇统一六国后，实行中央集权，统一铸币。

05 银本位制度

明朝时期，白银成为主要的流通货币，实行银本位制度。

中国货币的发展史

06 纸币的出现

北宋时期，出现了世界上最早的纸币——交子。

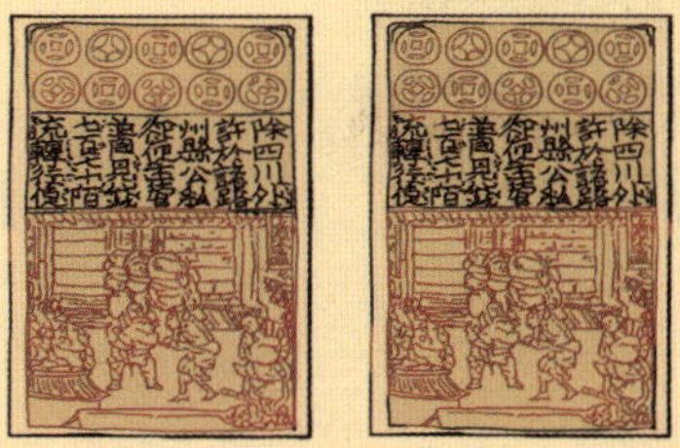

07 近现代货币制度

清末民初，货币制度发生变革，引入了新的货币单位“元”。

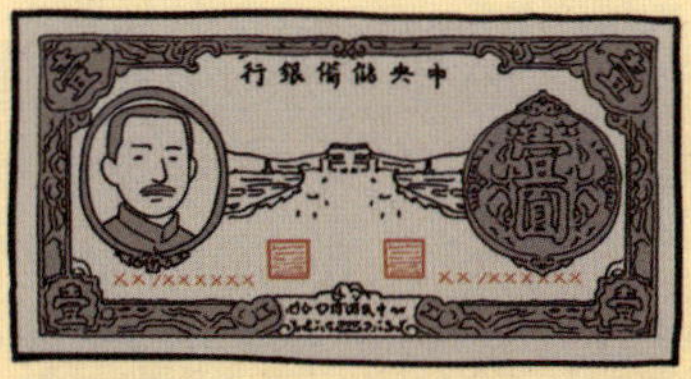

08 人民币

1948 年 12 月 1 日，中华人民共和国成立前夕，发行了第一套人民币，成为我国的法定货币。

09 电子货币

随着科技的进步，人们越来越倾向于使用手机支付方式进行交易，而电子货币则成为人们生活中的一种重要支付手段。

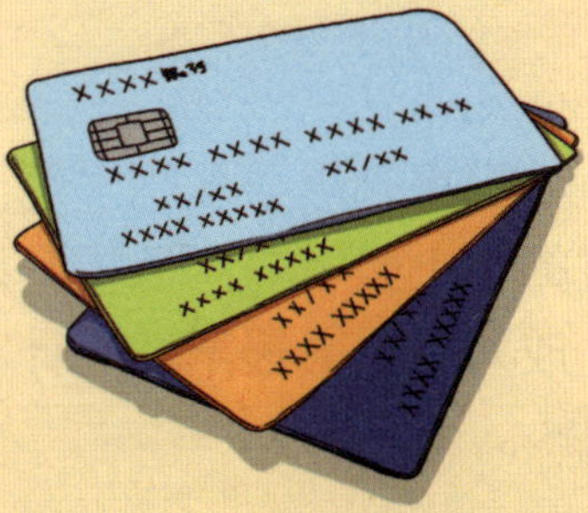

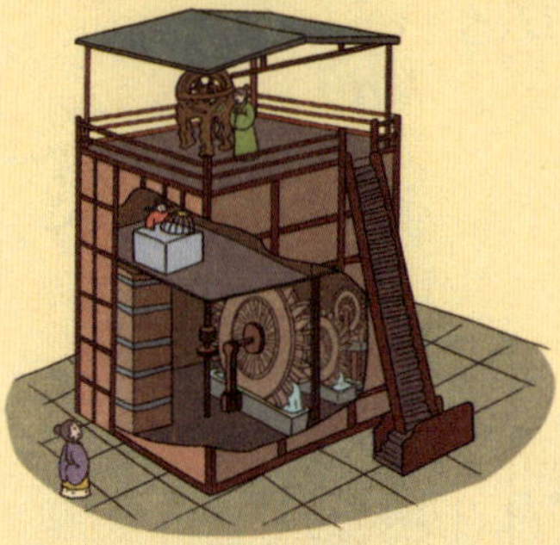

04 公元 1000 年后

公元 1088 年至 1092 年，宋代科学家苏颂等人发明了水运仪象台，这是一种集成了多种计时装置的巨型天文钟。

03 公元前 1000 年左右

文献中记载我国漏壶出现于西周时期，《周礼》记载有专门掌管计时的职官“挈壶氏”。随着时间的推移，漏壶不断改进，成为古代中国主要的计时工具。

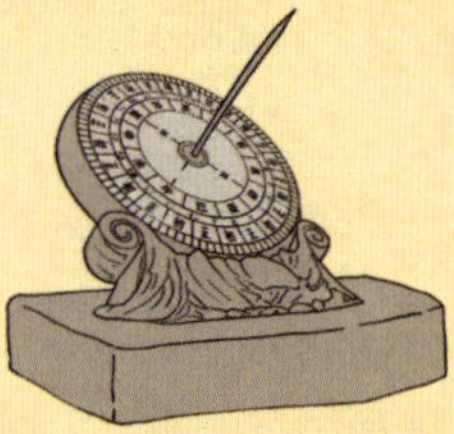

日晷

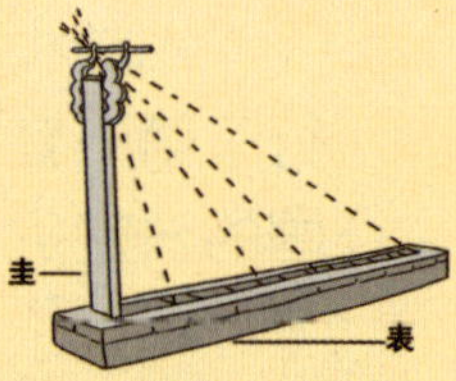

圭表

02 公元前 1000 年左右

公元前 1300 年至公元前 1046 年，中国殷商时期的甲骨文中，已有使用圭表的记载。日晷是根据太阳影子的长短和方位变化来判断时间，圭表则是通过测量太阳高度角来确定时间。

01 公元前 1000 年左右

我国祖先最早发明了用土和石片刻成的“土圭”与“日规”两种计时器，成为世界上最早发明计时器的国家之一。

计时工具的发展史

05 清代

咸丰年间，南京有了造钟作坊，最早只有潘恒兴、王万顺等造钟作坊，用于生产宫廷西式座钟（铜镀金写字人钟）。

06 20 世纪以后

随着科技的发展，机械表和石英表逐渐成为主流计时工具。我国的钟表制造业也得到了迅速发展，成为世界上最具竞争力的行业之一。

07 当代

随着现代计时技术不断进步，我国不仅在传统机械表和石英表方面取得了长足的进步，还涉足了智能手表、量子钟等领域。

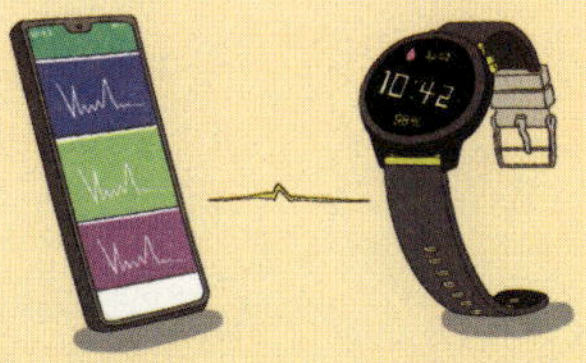